역사 **인물**과 함께하는 **창의적** 체험활동 ②

이율곡과 함께 글쓰기

독후 활동과
창의적 체험활동을
함께 해 보세요!

글 김학민

아울북

여러분은 지금부터 타임머신을 타고
과거로 시간 여행을 떠날 거예요.

시간 여행지에서 역사 속 인물을 만나
그가 어떤 삶을 살았는지 이야기를 들으며
함께 체험 활동을 해 보세요.

준비되었나요? 자, 그럼 출발~!

이번에 만날 위인은 어느 시대에 살았을까요?
1548년, 조선 시대

고조선
~기원전 108년

삼국시대
(고구려, 백제, 신라)
기원전 57~668년

통일신라
668~935년

고려
918~1392년

조선
1392~1910년

안녕! 나는 이율곡이야! 나와 함께 시간 여행을 떠나볼까?

차례

이율곡은 누구일까요?　6

검은 용이 지킨 아이　8

강릉 외갓집에서　16

더 크고 넓은 세상으로　24

마음속에 살아계신 어머니　34

마음의 스승　46

바른 말을 아끼지 않는 선비　58

뜻을 이루기 위한 길　66

글쓰기에 힘쓰는 이유　76

나는 뜻을 이룬 것인가　86

화석정에 남은 이야기　96

이율곡 (1536~1584년)은 누구일까요?

신사임당의 셋째 아들, 칠남매 가운데 다섯째다. 일곱 살에 『논어』, 『맹자』, 『대학』, 『중용』 등 어려운 책들을 읽어낼 만큼 천재였다. 하지만 머리만 똑똑했던 게 아니라 됨됨이도 단정했다. 그의 이름 '이(珥)'는 '임금에게 바른 소리를 한다'라는 의미가 담긴 글자인데, 그 이름처럼 관직에 머물면서 임금에게 충언을 아끼지 않았다. 늘 백성을 위하고 나라를 염려했던 율곡은 백성을 구제하는 대책을 세우기 위한 토론을 열기도 했다.

임금에게 바른 말을 많이 하다 보니 율곡은 모함을 당해 관직에서 물러난 적도 많았고, 관료로서 열심히 일을 하다가 건강을 잃을 때도 있었다. 그럴 때는 경기도 파주의 율곡리(밤나무골)에서 쉼을 갖기도 했다. '율곡'이란 호는 이 마을 이름에서 따온 것이다.

이율곡의 초상화

검은 용이 지킨 아이

과거[1] 시험에 도전하고 싶다는 말씀을 드렸을 때 부모님은 깜짝 놀랐어. 나는 이제 겨우 열세 살로 과거를 보기에는 아직 어린 나이거든. 과거 시험장에는 조선에서 똑똑하다는 선비들이 모두 모이는데, 그 선비들과 실력을 겨루기에는 아무래도 내가 공부한 기간이 짧기 때문이지.

---

1) 과거 : 나라에서 관리를 뽑기 위해 치르는 시험. 두 번에 걸쳐 치러지는 시험에 모두 통과해야 관리가 될 수 있었어요.

어머니가 놀라움을 가라앉히며 내게 물었어.

"그래, 굳이 지금 과거를 치러야 할 이유가 있느냐?"

나는 침을 꿀떡 삼키고는 대답했어.

"그동안 제가 갈고닦은 학문이 얼마나 깊어졌는지 가늠해 보고 싶을 뿐입니다."

어머니는 잠시 내 얼굴을 물끄러미 바라보더니 이윽고 인자한 미소를 입가에 그렸어. 허락하신다는 뜻이었지.

"그렇다면 네 뜻대로 해 보거라."

함흥지역에서 과거 시험을 치르는 장면을 그렸어요.

"감사합니다! 열심히 해 보겠습니다."

그러자 아버지가 껄껄 웃으며 말했단다.

"참으로 대견하구나! 네 이름을 '이(珥)'라고 바꾸기 전에 어릴 적 이름을 현룡이라 불렀었지. 확실히 '현룡'이란 이름이 아깝지 않아."

방금 우리 아버지가 내 어릴 적 이름을 말했지? '검을 현(玄)'자에 '용 룡(龍)'자, 곧 검은 용이란 뜻이란다. 내가 이런 멋진 이름을 얻게 된 사연을 들려줄게. 지금으로부터 13년 전, 내가 아직 태어나기 전의 이야기야.

어느 날 어머니는 아름다운 선녀가 갓난아기를 덥석 안겨 주는 꿈을 꾸었대. 그리고 얼마 뒤 배 속에 생명이 싹 트게 되었지. 그게 바로 나란다! 선녀가 갓난아기를 안겨 준 꿈은 태몽이었던 거야. 태몽이란 아기를 밸 거라 알려 주는, 신비로운 꿈이란다.

열 달이 차서 내가 태어날 시간이 다가왔을 때 어머니는 또 다른 꿈을 꾸었어. 동해 바다 한가운데서 검은 용이 소

용돌이치며 솟아오르더니, 눈부신 빛을 뿌리며 어머니에게 날아왔다는구나. 어머니는 용의 위엄에 눌려 질끈 눈을 감아버렸대. 그런데 다시 눈을 뜬 순간 어머니는 바다가 아니라 방 안에 앉아 있었대.

'용은 어디 갔을까? 난 분명히 바다 한가운데에 있었는데……'

어안이 벙벙했던 어머니는 방문을 열었다가 까무러칠 뻔했대. 바다에서 만났던 검은 용이 문 앞에 똬리를 틀고 앉아 있었던 거야! 용과 마주친 순간 어머니는 번쩍 잠에서 깼대.

그리고 다음 날 새벽, 나를 낳았단다. 조선 제11대 임금인 중종이 다스리던 1536년 12월 26일의 일이야.

내가 태어난 곳은 오늘날 강원도 강릉시 죽헌동 지역인 북평 마을이야. 오죽헌이라고 하는 우리 외갓집이란다. 참, 오죽헌에 가면 '몽룡실'이란 방이 있는데, 나는 그 방에서 태어났어. 검은 용의 꿈을 꾼 방이란 뜻이지.

오죽헌에 가면 검은 대나무도 볼 수 있어. 까마귀처럼

신사임당이 이이를 낳은 곳이에요.

오죽헌의 검은 대나무

까매서 '오죽'이라 불리는 대나무인데, '오죽헌'이란 이름은 바로 이 오죽에서 비롯된 거란다.

우리 어머니는 신사임당이야. 글씨, 그림, 시 짓기, 수놓기……. 재주가 참 많은 분이지. 조선의 여인 중에는 글공부를 제대로 한 사람이 많지 않은데, 우리 어머님은 달랐어. 학문의 깊이가 남다르셨기 때문에 우리 형제들의 글공부도 가르치실 정도였지. 그림에도 뛰어나셔서 이름이 널리 알려졌단다.

어머님은 성품이 어질지만 우리들이 잘못을 저지를 땐 따끔하게 혼내기도 하는 엄격한 분이기도 해. 그런 어머니 밑에서 나는 바르고 곧게 자라려고 노력하고 있어.

내가 열세 살에 과거에 도전하게 된 바탕에는 어머니의 가르침이 있어. 내가 하늘에서 뚝 떨어진 천재여서가 아니야. 그럼 내가 그동안 자라 온 이야기를 들어볼래?

창의적 체험 활동

태몽은 아기를 임신했을 때 꾸는 꿈이야. 아기의 엄마가 태몽을 꾸기도 하지만 주위 사람들이 대신 태몽을 꾸기도 해. 너의 태몽은 어떤 것이었는지 어머니께 여쭈어 보고 글로 정리해 봐.

나의 태몽은

아기가 세상에 태어나면 이름을 지어 주지요.
거울에 얼굴을 그리고 이름과 이름에 담긴 뜻을 써 보세요.

※나의 얼굴을 그리거나 사진을 붙이세요.

내 이름은　　　　　　　　　　　　　　　　　　이야.

내 이름의 뜻은

강릉 외갓집에서

"현룡아, 이것 좀 먹어 보렴."

외할머니가 내게 석류를 한 개 주셨어. 벌어진 껍질 사이로 빨간 알맹이들이 톡톡 튀어나올 것 같더라. 겨우 세 살이었던 내가 냉큼 석류를 받아드는데, 외할머니가 물었어.

"이 석류를 보고 무슨 생각이 드느냐?"

"음······. 빨간 주머니 속에 빨간 구슬이 부서져 있는 것 같아요."

"석류 껍질이 빨간 주머니고, 석류알들이 빨간 구슬이란 뜻이냐? 어이쿠, 세 살배기 아이 입에서 이런 표현이 나오다니, 시인이 따로 없구나!"

빨갛게 익은 석류

외할머니의 입이 쩍 벌어졌어. 칭찬을 받은 나는 머쓱해서 머리만 살살 긁었지. 어머니의 가르침으로 세 살에 글을 깨우친 나는 시가 참 좋았어. 그래서 틈틈이 시를 읽은 덕분인지 석류를 보고 그런 멋진 표현이 떠올랐던 거야. 시인들은 빗대어 표현하기를 무척 잘하거든.

내가 다섯 살 때 일이야. 어머니가 몸져누워 집안이 시름에 잠긴 적이 있었어. 나는 외할아버지를 모신 사당에

---

2) 사당 : 조상의 신주(神主. 죽은 사람을 기리는 위패)를 모셔 놓은 집

들어가 어머니의 병을 낫게 해달라고 빌었지. 그런데 얼마나 시간이 흘렀을까. 맏형과 행랑아범이 헐레벌떡 사당으로 뛰어 들어오더구나.

"현룡아, 여기 있었구나!"

"형님, 무슨 급한 일이라도……. 혹시 어머니가 잘못되셨나요?"

"이 녀석! 네가 없어져서 온 집안이 발칵 뒤집혔다. 어서 가자!"

"어머니는요? 전 어머니를 위해 기도해야 돼요!"

맏형은 나를 빤히 굽어보다가 피식 웃었어. 그러고는 내 어깨를 톡톡 토닥였지.

"어머니를 위해 기도할 거면, 가족들에게 미리 알렸어야지. 어머니는 네가 없어져서 병이 더 깊어지실 지경이다. 가서 얼굴을 보여드리는 게 지금은 더 급해."

맏형의 말에 내가 경솔했다는 걸 깨달았어. 집에 돌아간 나는 칭찬과 꾸지람을 동시에 들었단다. 효심이 깊은 아이라는 칭찬에도, 멋대로 한 행동에 대한 꾸지람에도 부끄러웠어. 다행히 며칠 뒤 어머니는 병이 나으셔서 훌훌 자리를 털고 일어나셨어.

그해 여름, 하루는 장맛비가 무섭게 내렸어. 마을 앞 개울이 넘칠까 봐 염려가 될 만큼. 너도나도 개울가에 나와 불어나는 물을 걱정스레 바라보고 있는데, 한 아저씨가 허둥지둥 개울을 건너기 시작했어. 그 아저씨는 절반쯤 건너다가 발을 헛디뎌 그만 넘어지고 말았단다. 그런데 모두들 손뼉을 치며 웃는 거야. 드세진 물살에 자칫 위험한 상황이 벌어질 수 있는데도.

나는 아저씨가 안쓰러워서 가슴을 탕탕 때렸어. 아저씨는 가까스로 일어나 더듬더듬 개울을 건너더구나. 천만다행으로 사고는 일어나지 않았어. 개울을 건넌 뒤 주저앉는 아저씨를 보면서 나는 겨우 마음을 놓을 수 있었단다.

집에 돌아와서 개울가에서 일어났던 일을 어머니에게 말씀드렸어. 어머니는 내 말을 귀 기울여 들으시더니 이렇게 말했지.

"개울에 빠진 어른을 안타까워하는 마음, 그 어른을 비

웃는 사람들 때문에 속상한 마음. 그것이 바로 '인(仁)'이란다. 인은 남을 사랑하고 어질게 행동하는 일이지. 현룡아, 오늘 네가 품은 그 마음을 언제까지나 간직하거라."
"가슴에 깊이 새기겠습니다, 어머니."

이듬해 여섯 살이 되자 정든 북평 마을을 떠나야 할 형편에 놓였어. 나이 많으신 친할머니가 우리 어머니에게 한양 시댁 살림을 맡아 달라고 부탁했거든. 친할머니는 어머니에게는 시어머니잖아. 시어머니의 간곡한 부탁을 어머니는 며느리로서 거절할 수 없었단다.
한양으로 떠나기 며칠 전 나는 누이 매창과 함께 경포대에 올랐어. 어머니의 재주와 성품을 쏙 빼닮은 누이는 나이 차이가 많이 나지만 형제들 가운데 나와 마음이 가장 잘 통해.
"누이, 경포호가 여전히 거울처럼 맑아요. 우리가 한양으로 떠난 뒤에도 그러겠죠?"

경포호의 풍경

"그때도 경포호가 맑을지……. 언제고 다시 북평 마을에 내려와 확인해 보자꾸나, 호호."

누이는 웃음 끝에 한숨을 묻혔어. 이 아름다운 풍경을 두고 떠나는 게 못내 아쉬운 모양이야. 나도 몹시 아쉽고 서운해. 하지만 마음을 굳게 먹어야지. 이제는 한양이라는 더 크고 넓은 세상에서 살아야 하니까. 어리지만 나도 사내대장부잖아! 큰사람이 되기 위해 반드시 거쳐야 할 관문이라고 생각할래.

창의적 체험 활동

나는 석류를 보고 떠오르는 생각을 시로 써서 나타내어 보았어. 너도 석류를 보고 떠오르는 생각을 글로 써 봐.

빨간 주머니 속에 빨간 구슬이 부서져 있네.

어떤 과일을 좋아하나요? 그 과일의 생김새, 맛, 만졌을 때의 느낌 등 떠오르는 것들 중에서 가장 인상적인 것을 글로 나타내 보세요.

더 크고 넓은 세상으로

　한양에서 자라며 난 더욱 글공부에 매달렸어. 글공부는 곧 내일의 꿈을 이루는 길이라고 생각했거든. 어떤 꿈이냐고? 장차 이 나라를 위해 쓰일 훌륭한 재목이 되겠다는 것, 그게 내 꿈이야. '뜻을 세우라'는 어머니 신사임당의 평소 가르침대로 나만의 뜻을 세운 거지. 그리고 그 뜻을 이루기 위해 열심히 공부하는 거야.

　공부가 힘들 땐 이따금 율곡리에 놀러가기도 했어. 솔

직히 율곡리가 좋아서 한양으로 돌아오기 싫은 적도 많았단다.

경기도 파주에 자리한 율곡리는 아버지 집안 어른들의 터전인데, 친할머니가 사는 곳이야. 어머니는 한양과 율곡리를 오가며 살림을 돌보고 있지. 율곡리는 밤나무가 우거진 마을이란 뜻이야. 그런데 난 밤나무숲도 좋지만, 특별히 이곳에 있는 화석정을 좋아해.

화석정

화석정은 벼랑 위에 지은 작은 정자야. 그곳에 오르면 탁 트인 하늘과 임진강이 한눈에 들어와. 그 경치가 참 인상적이어서 나는 종종 시를 지었어.

내가 여덟 살 때 지은 시 한 수를 소개할게.

화석정

숲속 정자에 가을 이미 저무는데
시인의 마음 끝이 없구나
멀리 강물은 하늘에 잇닿아 푸르고
서리 맞은 단풍은 해를 향해 붉구나
산은 외로운 둥근 달을 토해 내고
강은 만 리의 바람을 머금었네
변방의 기러기는 어디로 가는가
저무는 구름 속에 울음소리 끊어지네

좀 어설픈 부분도 있지만, 주변 사람들은 빼어난 시라고 입이 마르도록 칭찬했어. 네 생각은 어떠니?

열한 살 때 아버지가 심하게 앓아누우신 적이 있었어. 약을 써도, 의원이 손을 써도 아버지는 의식조차 찾지 못했지. 나도 아버지가 빨리 낫길 바라며 사당에서 열심히 기도를 올렸지만 차도가 없으셨어.

온 가족이 발만 동동 구르고 있을 때 나는 모질게 마음을 먹었어. 내 피를 아버지에게 드리기로 결심한 거야. 자신의 피나 살점을 바쳐서 부모에게 건강을 되찾아준 효자들의 이야기가 예전부터 많이 전해져 오거든.

나는 팔뚝을 베어 솟아난 피를 아버지의 입에 흘려 넣었어. 하늘이 내 정성을 알아준 건지 며칠 후 아버지는 말끔히 병을 씻어냈단다.

자리를 털고 일어난 아버지는 내 손을 꼭 잡은 채 고맙다고 했어. 하지만 함부로 몸을 상하게 했다며 나무라기도 하셨단다. 아버지가 건강을 되찾으니 야단을 맞아도 기분이 나쁘지 않던걸.

건강을 되찾으신 아버지가 얼마 뒤 불쑥 이런 말씀을 꺼내시더구나.

"현룡아, 네 이름을 '이(珥)'로 고치야 할 것 같구나. 내 꿈 속에 신선이 한 분 나타나 네 이름을 '이(珥)'로 고치라고 말씀하시더구나. '구슬 옥(玉)'자에 '귀 이(耳)'자를 붙인 '이(珥)'에는 '임금에게 조언을 한다'는 뜻이 담겨 있단다. 아무래도 장차 너는 자라서 임금을 돕는 나라의 큰 재목이 될 모양이다."

'이'라는 새 이름을 얻게 된 나는 괜스레 가슴이 벅차올랐어. 그 이름에 어울리는 사람이 되고자 부지런히 노력해야겠다고 다짐했지. 공부도 열심히, 바른 태도와 마음을 갖추는 데도 열심히 해야겠다고 말이야.

열한 살 때부터 그 다짐을 꾸준히 실천해 오다 열세 살이 되었고, 마침내 과거에 도전하기로 마음먹은 거야. 앞에서 부모님께 말씀드린 대로 그동안 내가 열심히 갈고닦은 학문의 수준이 어느 정도인지 스스로 평가해 보고 싶었거든. 다행히 부모님도 내 도전을 허락해 주셨지.

너희들도 내 도전을 응원해 줄래?

창의적 체험 활동

나는 화석정의 풍경을 좋아했지만, 화석정말고도 우리나라 구석구석에는 아름다운 곳이 무척 많아. 너는 어떤 곳을 좋아하니?

우아, 떨어지는 물소리가 우렁차다!

푸른 들판과 불그스름한 하늘이 너무 멋진데!

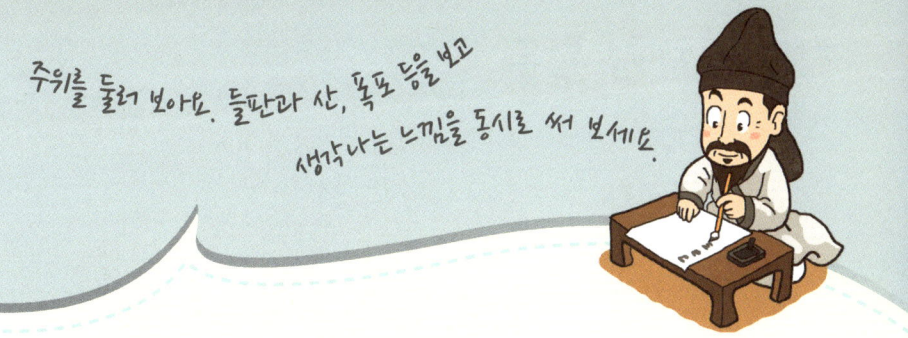

주위를 둘러 보아요. 들판과 산, 폭포 등을 보고 생각나는 느낌을 동시로 써 보세요.

제목 :

창의적 체험 활동

내가 나라와 백성을 위해 일하는 관리가 된 것은 바른 이치를 따르고자 하는 나의 품성 때문이야. 너는 어떤 어른이 되고 싶니? 일단 스스로에 대해서 잘 알아야 내가 뭐가 되고 싶은지 알 수 있단다.

※ 20년 후 내가 어른이 된 모습을 상상하여 그려 보세요.

나는 20년 후 _____ 어른이 되고 싶습니다.

예 정직한, 부지런한, 착한, 멋진

미래의 모습을 그리고 나서 자신이 어떤 사람인지 생각해 보세요.

※내가 생각하는 나의 장점은 무엇인가요?

※내가 가장 좋아하는 것은 무엇인가요?

※내가 가장 잘하는 것은 무엇인가요?

※나는 어떤 성격인가요?

마음속에 살아계신 어머니

도전에 성공했어! 과거 시험은 두 번에 걸쳐 치르는데, 그중 첫 번째 시험에 당당히 합격을 한 거야! 벼슬을 얻기 위해서는 한 번의 시험을 더 봐야 하지만, 난생처음 본 과거에서 급제를 하니 날아갈 듯 기뻤어. 사실 기대 반, 걱정 반이었거든.

---

3) 급제 : 시험에서 합격한 것

주변분들 모두에게 분에 넘치는 축하를 받았어. 맏형 선과 둘째 형 번은 내가 자랑스럽다며 꼭 안아 주기도 했단다. 요즘 형들은 번번이 과거에 떨어져서 의기소침해 있거든. 그런데도 동생인 내게 샘을 내기는커녕 자기 일처럼 기뻐해 주니 고마우면서도 미안했어.

어머니는 기쁨을 크게 겉으로 내색하지 않으셨어. 아마도 형들을 배려해서겠지. 그래도 괜찮았어. 어머니의 말씀에서 나는 사랑을 느꼈으니까.

"네가 어린 나이에 과거에서 급제했지만 결코 우쭐해서는 안 된다. 마음을 그릇처럼 비우고, 더 열심히 학문을 익히는 데 힘쓰려무나."

나는 이 말씀을 깊이 새기겠다고 대답했지.

며칠 뒤 궁궐에서 사람이 찾아왔어. 나더러 승정원에 들라고 하더구나. 난 어리둥절했어. 승정원은 왕명을 받드는 기관인데, 날 왜 부를까?

잔뜩 긴장한 채 승정원에 찾아갔어. 그런데 내 또래의 소년이 승정원 관리들과 두런두런 이야기를 나누고 있더구나. 나중에 알고 보니, 소년은 나와 동갑으로 이번 과거에 급제한 인물이었어. 열세 살이란 어린 나이에 과거에 급제한 인물이 둘이나 되어 왕실에서는 그 주인공들이 궁금했던 거야. 그래서 소년과 나를 불러들인 거였지.

나는 관리들과 소년의 대화가 끝나기를 얌전히 기다렸어. 그런데 어쩐지 관리들이 점점 언짢아하는 눈치였어. 아마도 소년의 태도 때문이었던 것 같아. 내 눈에도 소년은 학식을 뽐내는 모양새로 비쳤거든. 소년을 보면서 나는 어머니의 가르침을 곱씹었단다.

'그래, 우쭐해서는 안 돼. 학식이 높을수록 겸손하게 자신을 낮춰야 해.'

새삼 우리 어머니처럼 존경할 만한 '어머니'가 있다는 게 행복했어. 늘 자식들에게 바르게 사는 모습을 보여 주시고, 나를 바른 길로 이끌어 주는 어머니가 자랑스러웠어.

그런데 그렇게 자랑스러운 어머니가 갑자기 돌아가시고 말았단다. 내가 열여섯 살 때였지.

그 시절 우리 집에는 행복이 넘치던 중이었어. 오랜 세월

신사임당의 동상

벼슬길에 나가지 못해 근심에 잠겨 있던 아버지가 '수운판관'이란 벼슬을 얻어 집안에 기쁨을 안겼거든. 수운판관은

비록 낮은 벼슬이지만 지방에서 세금으로 거둔 곡식을 뱃길로 한양에 나르는 중요한 일을 해. 세금을 슬쩍 하고 싶은 유혹에 빠지기 쉬운 자리이기도 하고. 아버지는 낮은 벼슬이지만 성실하게 일했고, 유혹에 넘어가지 않고 정직하게 일했단다.

어느 날 아버지가 멀리 평안도로 일을 보러 가게 되었어. 그때 맏형과 내가 아버지를 따라갔지. 아버지가 더 넓은 세상을 경험시켜 주려고 맏형과 나를 데려간 거야.

두 달 가까이 아버지 일을 돕고 한양으로 돌아가던 길이었어. 배가 강변에 다다랐을 때 어머니가 돌아가셨다는 소식이 날아왔단다. 어머니는 평소 건강이 나빴었는데, 몸져 누웠다가 끝내 일어나지 못한 거야.

하늘이 무너지는 것 같았어. 따뜻하게 우리를 품어 주시고 바른 길을 가르쳐 주시던 어머니가 돌아가시다니. 어머니가 돌아가실 때 그 곁을 지키지 못한 불효를 어찌해야 할지…….

어머니의 삼년상*을 마치고 열여덟 살이 된 나는 관례를

신사임당의 묘(경기도 기념물 제14호)는 경기도 파주시에 있어요.

올렸어. 관례란 상투를 틀고 갓을 써서 어른이 되었음을 알리는 의식이야. 관례를 치르는 내내 어머니가 그립더구나. 삼년상을 치르는 동안 제사에 쓰이는 여러 재료들을 질 좋은 것으로 마련하고, 제사에 쓰는 그릇도 직접 닦았지만, 슬픈 마음은 사라지지 않았어. 하늘나라로 가신 어머니를 다시는 만날 수 없으니까.

4) 삼년상 : 부모님이 돌아가시고 나서 삼 년 동안 상을 치르는 일

어머니가 돌아가신 뒤 나는 어머니를 그리며 〈선비행장〉을 지었어. '선비'는 남에게 돌아가신 자기 어머니를 이르는 말이고, '행장'은 죽은 사람이 평생 살아온 일을 적은 글이야. 즉 〈선비행장〉은 내가 16년 동안 지켜본 어머니 신사임당의 모습에 대한 기록이란다. 그 일부를 아래에 소개할게.

> 어머니는 모든 일을 마음대로 한 적이 없고 반드시 시어머니에게 알렸다. 그리고 시어머니 앞에서는 시중드는 여종조차 꾸짖지 아니했다. 말씀은 언제나 따뜻했으며, 안색은 온화했다. 아버지께서 어쩌다가 실수가 있으면 반드시 고치도록 말하고, 자녀가 잘못이 있으면 훈계를 해서 고치도록 했다.

어버이가 살아계실 때 극진히 섬기라는 옛말을 난 지키지 못했어. 이렇게 불효한 아들인데, 바른 마음을 가진 어른이 될 수 있을까?

'모든 것을 다 버리고 산으로 들어가자!'

어머니가 돌아가시고 나니 사람이 죽고 사는 문제에 비하면 과거 급제도, 벼슬도, 명예도 모두 쓸모없는 것으로 여겨졌어.

이듬해 봄, 나는 집을 떠나 금강산으로 들어갔단다. 금강산을 구석구석 누비며 자연의 이치를 배우고, 스님들을 만나 불교도 배웠지. 그렇게 1년 남짓 떠돌이로 살다가 문득 깨달음을 얻었어.

'내가 이렇게 산속에 묻혀 사는 모습을 본다면 어머니께서 실망하실 거야. 백성과 나라를 위해 일하는 것이 더 쓸모 있는 삶이야!'

그길로 나는 금강산을 내려왔어.

"뜻을 세우라는 어머니의 가르침을 잊지 않는다면 어머니는 내 마음속에 살아계신 거야!"

나는 다시 책을 집어 들었어. 걸음마를 시작하는 아이처럼 처음부터 다시 시작하기로 각오를 다졌어.

창의적 체험 활동

나는 어머니가 돌아가신 후, 어머니의 삶을 기리는 〈선비행장〉을 지었어. 너도 어머니에 대한 글을 써 봐.

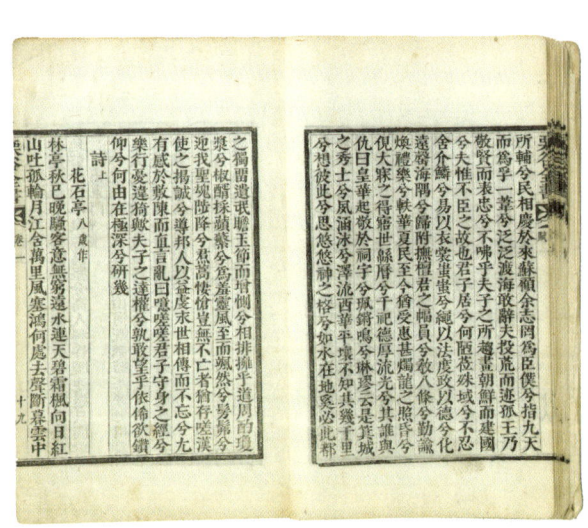

〈선비행장〉은 나의 글들을 모은 책인 『율곡 전서』 권 18 「행장 편」에 실려 있단다.

어머니의 모습이 생각나!

어머니의 이름은 　　　　　　　　　　　　　야.

늘 나를 보살펴주시는 어머니의 모습을 관찰하고 써 보세요.

※ 어머니의 이름에 담긴 뜻은 무엇인가요?

※ 어머니는 어떤 분인가요?

※ 어머니께 특히 감사한 마음을 느낀 적이 있었나요?

창의적 체험 활동

앞에서 글로 표현한 어머니의 모습을 정리해서 그림으로 그려 봐.

지금까지 나를 길러 주신 어머니에게
감사의 편지를 써 보세요.

어머니께

마음의 스승

　각오를 다진 나는 먼저 북평 마을에 계신 외할머니를 찾아뵈었어. 오랜만에 손자를 보게 되신 외할머니는 함박웃음으로 날 반겼다가 이내 눈물을 글썽였어. 나를 보자 먼저 세상을 뜬 딸이 생각났던 모양이야. 우리 어머니 사임당 말이야.

　"할머니, 그동안 제가 어리석은 행동을 했어요. 앞으로는 바른 길만 가겠다고 다짐했어요."

"그래, 그래. 너같이 총명한 아이가 어련히 알아서 잘하려고. 이 할미는 너를 믿는다."

나는 외할머니 앞에 무릎 꿇고 앉아 흰 종이에 〈자경문〉을 써 내려갔어. 〈자경문〉은 스스로를 경계하여 조심하는 글이야.

나는 이 〈자경문〉을 통해서 앞으로 평생 나 자신이 지켜 나갈 모습을 정하고 마음을 바로잡았어.

한 해 뒤, 스물한 살에 과거의 첫 번째 시험에서 장원을 차지했어. 나는 먼저 〈자경문〉의 항목들을 곱씹었지. 벼슬길에 나가서도 〈자경문〉을 실천하는데 온 힘을 다하겠다고 다짐했단다. 덕분에 관직을 맡아 나랏일에 바쁠 때에도, 열심히 학문을 닦는데 힘써서 학자로서도 큰 인정을 받을 수 있었지.

그러나 벼슬길에 나가는 것이 쉽지는 않았어. 금강산에서 지낸 일 년 동안 나는 불교 공부에 푹 빠졌었는데, 그게 문제가 된 거야. 조선은 불교를 억누르고 유교를 떠받드는 나라거든.

결국 나는 최종 시험인 전시를 보지 못했어. 전시란 임금님이 직접 급제자들의 학문을 평가해 보는 시험이야.

나는 맥이 빠졌지만 흔들리지 않고 마음을 다시 다잡았어.

'아직 때가 아닌가 보구나. 더 부지런히 학문을 갈고닦으며 때를 기다리자.'

스물두 살엔 혼례를 올렸어. 한 가정의 가장이 되니 책임감도 생기고 마음가짐도 새로워지더구나.

이듬해에도 과거 시험을 보았고 거푸 장원 급제를 했어. 이때 나는 천체와 기상현상 등 자연의 질서에 대한 이치를 담은 〈천도책〉이란 글로 장원을 차지했어. 이 글은 명나라에까지 알려졌단다.

하지만 전과 마찬가지로 여러 가지 사정 때문에 역시 벼슬길에 나가지는 못했어. 그래도 열심히 책을 읽고 학문의 깊이를 더하려는 노력 덕분에 보물처럼 귀한 가르침을 얻게 되었단다. 특히 스물세 살 때에는 내가 무척 존경하던 퇴계 이황 선생님을 직접 찾아뵙기도 했지.

이황의 동상

이황이 태어난 집

이황 선생님은 조선 성리학의 기초를 세운 대학자야. 내가 찾아뵐 무렵엔 벼슬에서 물러나 고향인 안동에 머물고 계셨지. 나는 선생님께 학자가 걸어가야 할 길에 대해 여쭈었어. 그러자 선생님에게서 이런 대답이 돌아왔어.

"자네처럼 재주 높고, 바른길을 걷는 젊은 인재는 더욱 더 큰 뜻을 품어야 하네."

퇴계 선생님의 연세는 쉰여덟이셨어. 나보다 학문도 높고 나이도 많은 분이 가르침이라기보다 칭찬에 가까운 말씀을 해 주시니 몸 둘 바를 모르겠더라. 그래서 나는 슬쩍 말머리를 돌렸어.

"그나저나 어린 상감마마(명종)께서 나랏일 돌보기를 힘겨워하시는데, 선생님께서 다시 궐에 나아가 상감마마를 도우면 좋을 듯합니다."

"나는 재주가 모자란 사람이네. 또한 건강하지도 못하니 상감마마께 짐만 될 걸세."

---

5) 성리학 : 중국에서 전해진 학문의 한 갈래로, 조선을 다스리는 통치 이념이 되었어요.

도산서원. 이황 선생님이 제자들을 가르치던 곳이에요.

나는 선생님의 말뜻을 곰곰 생각하다가 나직이 고개를 끄덕였어.

'선생님은 겸손을 몸소 실천하는 분이시구나! 아무래도 젊은 인재들에게 길을 열어 주려고 일부러 벼슬을 사양하시는 모양이야.'

선생님의 호 '퇴계'가 겸손한 성품을 나타내는 것이라 어렴풋이 짐작할 수 있었어. '퇴계'란 '시냇물 흐르는 산골짜기로 물러난다'라는 뜻이거든.

선생님의 겸손함뿐만 아니라 검소함도 본받을 점이었어.

집은 겨우 두 칸짜리로 작고, 살림이라곤 오로지 책뿐이니…….

'학자라면 모름지기 이황 선생님처럼 청렴한 삶을 살아야겠구나!'

이황 선생님께서는 성리학에 대해 나와 의견이 좀 다르시기는 했지만, 그날 이후 나는 이황 선생님을 영원한 마음의 스승으로 삼았어. 오늘날 멘토처럼 말이야.

내가 스물여섯 되던 해에 아버지마저 세상을 떠났어. 부모님을 두 분 다 여의고 나니 그동안 뜻만 세우고, 뜻을 이룬 모습은 못 보여드린 것 같아 죄송하더구나. 그래서 아버지의 삼년상을 치르는 동안에도 공부를 게을리하지 않았어.

아버지의 삼년상을 마친 나는 마침내 뜻을 이룰 수 있는 기회를 얻게 되었어. 다시 치른 과거에 급제하여 세금을 관리하는 호조좌랑이란 벼슬에 오른 거야. 과거에 아홉 번이나 급제를 한 끝에 벼슬길에 나갈 수 있게 된 거지.

이황은 천 원짜리 지폐에 초상화가 실린 인물이에요.

사모를 쓰고 관복 입은 모습을 부모님께 보여 드리지 못해 안타까웠어. 하지만 두 분 모두 하늘에서 날 지켜볼 거라 생각하니 마음은 든든하더구나.

나는 하늘을 우러르며 부모님께 약속했어.

'어머니, 아버지! 나라와 백성을 위한 관리가 되겠다는 뜻, 꼭 이루겠습니다!'

---

6) 사모 : 벼슬아치들이 관복을 입을 때 쓰는 모자

창의적 체험 활동

아래 글은 내가 쓴 〈자경문〉이야. 내가 쓴 〈자경문〉 11가지 중에서 여러분도 스스로 실천하고 싶다고 생각한 것 딱 한 가지를 골라서 따라 써 봐.

1. 목표를 크게 가진다.
2. 말을 적게 한다.
3. 마음을 안정되게 한다.
4. 혼자 있을 때에도 몸가짐과 언행을 조심한다.
5. 옳고 그름을 알기 위하여 독서를 한다.
6. 재물과 명예에 대한 욕심을 경계한다.
7. 해야 할 일에는 정성을 다하고, 하지 말아야 할 일은 단호히 끊는다.
8. 정의롭지 않은 일은 절대 하지 않는다는 마음을 가진다.
9. 누군가 나를 해치려고 한다면 나 자신을 돌이켜 보고 그의 마음을 감동시킨다.
10. 밤에 잘 때나 병든 때가 아니면 절대로 눕지 않는다.
11. 공부를 게을리하거나 서두르지 않는다. 공부는 평생 꾸준히 하는 것이다.

내가 만든 〈자경문〉을 쓰면서 스스로 다짐을 해 보세요.

※ 이율곡의 〈자경문〉 중 내가 꼭 실천하고 싶은 한 가지는 무엇인가요?

※ 그것을 꼭 실천하고 싶은 이유는 무엇인가요?

※ 나 스스로를 바로잡기 위한 〈자경문〉을 3가지 만들어 보세요!

창의적 체험 활동

나는 이황 선생님을 정말 존경해.
나의 멘토이자 롤모델이지.
너의 롤모델은 누구니? 나에게 말해 줄래?

※ 나의 롤모델을 그리거나 사진을 붙여 보세요.

나의 롤모델은   입니다.

롤모델은 인생의 스승으로 삼을 만한 닮고 싶은 사람을 말해요.

※ 그 사람을 롤모델로 삼은 까닭은 무엇인가요?

※ 롤모델로부터 내가 닮고 싶은 점은 무엇인가요?

※ 그 사람의 가장 인상 깊은 말은 무엇인가요?

바른 말을 아끼지 않는 선비

　다른 벼슬아치들은 내가 과거에서 아홉 번이나 급제를 한 경력에 무척 관심을 보였어. 임금도 마찬가지였고. 하지만 난 그 일이 자랑스럽지 않았어. 난 오직 나라와 백성에게 관심을 쏟았어.

　내가 벼슬자리에 올랐을 무렵 조선은 여러 모로 몹시 어지러웠어. 임금인 명종의 힘이 약했기 때문인데, 나는 왕의 권위를 바로 세워야만 이 나라도 바로잡을 수 있으리라

이이의 유품인 벼루.
뒷면에는 제22대 임금인 정조의 글이 새겨져 있어요.
이이는 세상을 떠났지만 그의 학문은 후대에 남았다는 내용이에요.

믿었어.

  명종은 어린 나이에 왕좌에 올랐어. 그래서 어머니인 문정왕후가 대신 나랏일을 돌보았지. 이와 같이 어린 왕을 대신해 어머니인 왕대비가 나랏일을 맡는 것을 '수렴청정'이라고 해. 문정왕후의 수렴청정이 길어지면서 왕대비의 힘이 왕보다 커지고 말았어. 덩달아 문정왕후를 등에 업고 승려 보우와 문정왕후의 동생 윤원형이 마음껏 권력을 휘둘렀지.

'보우와 윤원형의 악행을 막아야만 해. 상감마마께 상소를 올리자.'

나는 자세를 바로하고 정성을 다해 먹을 갈았어. 벼루에 먹물이 연못처럼 고요히 고일 때 어머니의 살아생전 모습이 떠오르더구나. 어머니가 나를 자랑스러워할 것 같았어.

먹물이 벼루를 가득 채우자 내 가슴도 용기로 부풀어 올랐어. 나는 붓을 들고 힘차게 상소문을 써 내려갔어.

> 승려 보우와 윤원형은 나라와 백성을 병들게 한 장본인들입니다. 뜻있는 선비들도 이들의 죄를 밝혀야 한다고 목소리를 높이고 있습니다. 부디 보우와 윤원형을 벌하시고 나라의 기강을 다시 세우시옵소서.

7) 상소 : 임금에게 올리는 글

상소에 적은 내 바람은 곧바로 이루어지지 않았어. 아무래도 임금은 약한 왕권 탓에 결단을 망설이고 있는 듯했어. 나는 두 번째 상소를 올리기로 작정했지. 그런데 동료들이 날 말리고 나서더구나.

"이러다 자네가 다치네! 날아가는 새도 떨어뜨릴 만큼 윤원형의 권세가 등등하다는 것을 모르는가?"

"잘 알지. 그러나 사간원이 제 목소리를 못 내고 있네. 이런 상황에서 바른말을 아낀다면 참다운 선비가 아닐세!"

나는 동료들의 만류를 뿌리치고 두 번째 상소를 올렸어. 그러자 고마운 일이 벌어졌어. 몇몇 벼슬아치들이 나와 뜻을 같이하며 상소를 올린 거야. 오래지 않아 임금 앞에 상소가 수북이 쌓였고, 마침내 용기를 얻은 임금은 보우와 윤원형을 궐에서 쫓아냈단다.

이 일을 겪은 뒤 나는 사간원 정언에 임명되었어. 이 벼슬은 임금의 잘못을 일깨워 주는 일을 맡아서 하는 자리야.

8) 사간원 : 잘못을 바로잡도록 임금에게 아뢰는 일을 하는 관아

그만큼 정직함과 판단력, 그리고 용기가 필요한 자리였지. 나 스스로의 잘못도 돌아볼 수 있어야 하는 건 물론이고.

윤원형과 보우가 궐을 떠났지만 여전히 나라는 위태로웠어. 여전히 권력과 욕심에만 눈이 먼 관리들이 많았기 때문이야. 나는 사간원 정언으로서 이런 상황을 두고만 볼 수 없었어. 그래서 다음과 같은 상소를 올렸단다.

> 지금 이 나라는 큰 병을 치른 뒤 기운을 차리지 못하는 병자 같습니다. 마디마디가 아프고 저린 모양새인데, 단 한 번이라도 침을 잘못 놓으면 위급한 상태에 이를 것입니다. 부디 바르게 진단하시옵소서.

나는 높은 벼슬아치들의 잘못도 서슴없이 지적했어. 덕분에 바른말 잘하는 관리로 유명해졌지. 그러나 손톱만큼도

기쁘지 않았어. 내가 바른말을 꺼내는 것은 내 명예를 높이기 위해서가 아니니까. 백성들에게는 '백성을 위해 일하는 관리'라는 칭찬을 받기도 했는데, 그저 겸연쩍기만 했단다.

평생 상소를 한 번도 올리지 않은 벼슬아치들도 많았기 때문에 나를 경계하는 세력들이 많았지. 나처럼 바른말 하려는 신하가 드물다는 게 가슴 아팠어. 바른말을 귀담아듣고 제대로 고치려는 사람 역시 적다는 게 안타까웠고.

하루빨리 이 나라 조선이 기강이 바로선 나라, 백성들이 잘사는 나라가 되어야 할 텐데…….

창의적 체험 활동

나는 나라와 백성을 위해 일하는 관리가 되겠다고 결심했어. 그리고 그 꿈을 이루었지. 너는 커서 어떤 직업을 갖고 싶니?

※ 어떤 직업을 갖고 싶은가요?

※ 왜 그 일을 하고 싶은가요?

※ 그 일을 하기 위해 어떤 노력을 해야 할까요?

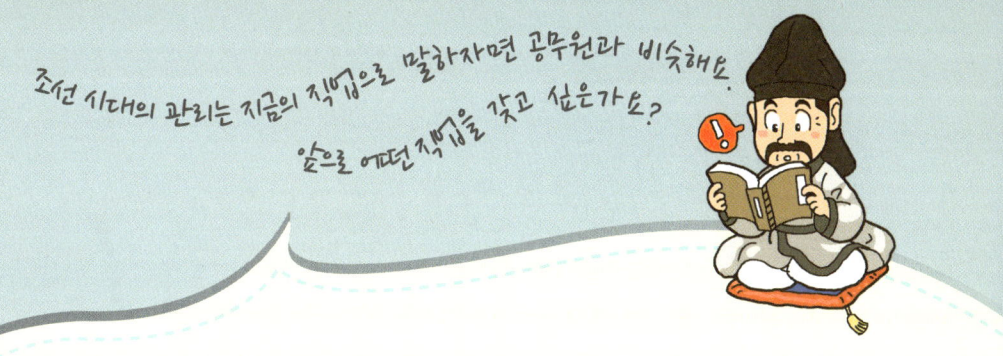

※내가 갖고 싶은 직업에 대해 소개하는 글을 써 보세요.

뜻을 이루기 위한 길

내가 서른둘이 되던 해에 명종이 세상을 떴어. 뒤를 이어 선조가 왕위에 올랐지. 새 임금을 모시게 된 나는 새 세상이 열리기를 희망했어. 그래서 임금을 돕는 일에, 또 바른말 하는 일에 누구보다 앞장섰어.

그러나 선조 임금은 의지가 약했어. 내 뜻을 지지하긴 했지만, 적극적으로 실천에 옮기지는 못했단다. 왕권이 튼튼하지 않아서 신하들의 눈치를 본 거야.

오죽헌.
외할머니의 병간호를 위해 강릉에 내려온 이이는 외가인 오죽헌에 머물렀어요.

'상감마마는 관리들에게 휘둘리고, 관리들은 자기 배를 불리는 데만 관심 있으니…….'
 조선의 정치에 실망한 나는 이듬해, 벼슬을 버리기로 마음먹었어. 때마침 외할머니도 편찮으셔서 강릉으로 내려가 병간호를 하기로 했지. 이 결심을 조정에 알리자 비난이 빗발쳤어.

---

9) 조정 : 임금이 신하들과 나랏일을 의논하는 기구

"상감마마! 외할머니를 핑계로 벼슬을 마음대로 버리는 행동은 이 나라 법도에 어긋납니다. 이이를 크게 벌하셔야 합니다."

"그렇습니다. 다시는 벼슬살이를 못하도록 명하시는 것이 마땅합니다!"

고맙게도 임금은 내 편을 들어주었어.

"조선은 효를 숭상하는 나라요. 손자가 아들 없는 외할머니를 모시는 것은 당연한 일! 이를 이유로 벌을 내릴 수는 없소."

임금의 배려로 나는 벼슬에서 물러나 강릉으로 내려갈 수 있었어. 그런데 오히려 임금은 나를 홍문관 교리[10]로 임명했단다.

"벼슬을 완전히 버리는 것은 허락할 수 없소. 이 나라가 그대를 필요로 하오. 부디 외할머니 모시기에 힘쓰다가 적당한 때에 돌아오시오."

---

10) 교리 : 궁중의 문서 관리를 맡은 벼슬

나는 감사한 마음에 임금에게 『동호문답』이란 책을 지어 올렸어. 손님과 주인이 서로 묻고 답하는 형식으로 지은 이 책을 통해 임금에게 개혁 의지를 가질 것을 당부했단다. 썩은 관리는 뿌리 뽑고, 나쁜 제도는 뜯어고쳐야 한다고 주장했지. 그리고 백성을 평안히 하는 방법과 교육의 방법까지 담았단다. 하지만 아쉽게도 이 주장이 실행되지는 않았어.

단점이 큰 공납 제도를 대신해 제안한 '수미법'이 실행되지 않은 건 정말 아쉬워. 공납은 고을의 특산물을 세금으로 내는 제도야. 곶감이 특산물인 고을은 세금으로 곶감을 나라에 바치는 식이지. 그런데 특산물은 정해진 양을 채우기가 어려워서 백성의 부담이 이만저만이 아니었어. 그래서 나는 다른 물건으로 바꾸기 쉬운 쌀을 특산물 대신 세금으로 내는 수미법을 주장한 거야.

1569년이 저물어 갈 무렵 외할머니가 아흔의 나이로 돌아가셨어. 그리고 다시 새해가 밝았지만 여전히 마음이 무거웠어. 외할머니를 잃은 슬픔도 슬픔이지만, 나라의 형편이 나아지지 않아 웃을 수가 없더구나. 고민하던 나는 전처럼 퇴계 이황 선생님에게 서찰(편지)을 보냈어.

> 상감마마는 관리들이 두려워 도무지 개혁을 펼치지 않습니다. 이런데도 끝까지 조정에 남아야 할까요? 아니면 상감마마의 곁을 떠나는 것이 나을까요?

얼마 뒤 이황 선생님에게 이런 답장이 날아왔어.

> 조정에 머물러 있되 배운 바를 저버려서는 안 되오.

내가 세운 뜻을 잃지 말고 나랏일에 전념하라는 충고 같았어. 나라와 백성을 위한 관리가 되겠다는 뜻을 이루려면 일단 조정에서 물러나서는 안 되는 거잖아.

나는 다시 마음을 굳게 다잡으며 맡은 바 역할을 충실히 해나갔어.

그런데 그해 겨울 이황 선생님마저 일흔의 나이로 돌아가셨단다. 큰 슬픔에 빠진 나는 건강까지 나빠지고 말았어. 잠시 쉬면서 몸도 마음도 회복할 시간이 필요했지.

내가 휴식처로 삼은 곳은 파주 율곡리, 어린 시절의 추억이 깃든 곳이었어.

율곡리에서 책을 벗 삼아 지내던 어느 날, 제자 한 명이 찾아왔어. 마침 점심때라 손수 마련한 밥상을 내놓았지. 제자가 밥상을 보더니 멋쩍어 하며 말했어.

"스승님, 그동안에 반찬도 없이 진지를 드셨습니까?"

사실 밥상에는 맨밥 두 공기뿐이었단다.

"느긋하게 밥알을 씹어 먹으면 아주 맛있다네."

제자는 그저 나를 딱하다는 듯 바라보며 쓴웃음만 지었

자운서원.
1615년(광해군 7년) 율곡 이이의 학문과 덕행을 기리기 위해 지은 것으로,
경기도 파주시에 있어요.

어. 나는 안타까워할 것 없다면서 제자를 툭툭 다독였어.

"검소함은 관리의 기본 덕목이네. 또한 백성들이 배를 곯는 이때에 어찌 관리로서 배부르게 먹을 수 있겠는가. 백성의 굶주림은 모두 관리의 책임일세."

제자는 내 말에 고개를 끄덕였어. 사실 이 말은 나 스스로에게 건네는 말이기도 했어. 힘없는 임금과 몹쓸 관리를 탓하기만 했을 뿐 백성을 위해 더 많은 일을 하지 못한 나에게.

창의적 체험 활동

나는 아버지께서 지어주신 '이이'라는 이름이 있지만 내가 자주 찾은 곳의 지명을 따라 '율곡'이라는 호를 지었어. 우리 어머니도 '사임당'이라는 호를 스스로 지었지. 너도 너만의 호를 지어 볼래?

※ 호를 무엇이라 지을 건가요?

※ 나의 호에 담긴 뜻은 무엇인가요?

※ 이렇게 호를 지은 까닭은 무엇인가요?

직접 만든 호를 새긴 도장을 만들어 볼까요?
만든 도장을 종이에 꾹 찍어봐요!

감자 도장 만들기

재료 : 감자, 조각칼, 물감, 도화지

① 감자를 준비해서 물로 깨끗하게 씻어요.
② 감자가 마르면 반으로 자른 뒤 조각칼로 나의 호를 새겨요.
③ 물감을 묻힌 뒤 도화지에 꾹 찍어요.
④ 감자 도장 완성!

내가 만든 감자 도장을 이곳에 찍어 보세요.

글쓰기에 힘쓰는 이유

1574년 새해의 문이 열리며 나는 왕의 명령을 전하는 일을 하는 우부승지에 올랐어. 임금은 한 해를 새롭게 시작하려는 뜻에서 신하들에게 조언을 구했어. 저마다 조정이 고쳐야 할 점을 고민해 보라고 했지. 나는 우부승지로서 책임감을 느끼고 〈만언봉사〉라는 긴 글을 적어 올렸단다.

나는 고쳐야 할 점으로 일곱 가지를 들었어. 그 가운데 임금과 신하가 아비와 아들처럼 다정하게 나랏일을 의논하지 못하는 분위기를 첫째로 꼽았지. 서로 힘겨루기를 하기 때문인데, 신하들의 잘못이 더 크다고 생각해. 나라와 백성을 염려하기보다는 자신의 힘만 키우려는 신하들이 많거든.

여러 제도들이 백성에게 큰 도움을 못 준다는 점도 꼬집었어. 그러면서 세금을 기록하는 문서를 개혁해 관리들의 수탈¹¹⁾을 없앨 것, 백성들이 고충을 편하게 알릴 수 있는 제도를 마련할 것 등을 제안했지.

그러나 〈만언봉사〉는 끝내 실행되지 않았어. 임금과 신하가 힘을 모으지 못한 탓이야.

그해 9월 나는 황해도 관찰사를 맡게 되었어. 관찰사는 한 지방의 으뜸 벼슬로, 그 지방의 행정, 치안, 법률 등 모든 것을 감독해야 해. 백성을 사랑하고 아끼는 마음이 없으면 해내기 힘든 자리이지. 물론 어떤 벼슬자리든 다 마찬가지이지만.

---

11) 수탈 : 강제로 빼앗음

'이곳 황해도에서 진정 백성을 위해 일해 보자. 조정에서 번번이 실망과 한탄만 하는 것보다는 나을 거야!'

나는 이런 마음가짐으로 백성과 함께했어. 학교를 세우고, 세금과 병역의 짐을 덜어 주고, 상은 넉넉하게, 벌은 합당하게 내렸어.

"관찰사 나리 덕분에 요즘 살맛이 나네, 그려!"

"두말하면 잔소리지. 참으로 백성을 위하시는 분이야!"

백성들의 칭찬은 가슴을 뿌듯하게 하면서 동시에 찡하게 만들었어.

'바람직한 관리를 만나지 못한 백성들의 삶이 그동안 어떠했을까?'

황해도 관찰사 생활은 짧게 끝이 났어. 이듬해 3월 다시 조정의 부름을 받아 떠나는 나를 황해도 백성들은 눈물로 전송했단다. 백성들과 정이 많이 들었기에 나도 가슴속으로 흑흑 흐느껴 울었지.

돌아온 조정은 한결 더 어수선했어. 관리들끼리도 갈등이 심해져서 동인과 서인, 이렇게 두 갈래로 나뉘고 말았지. 그러다 보니 임금은 여전히 뜻은 있으나 개혁을 하지 못하고 있었고. 나는 동인과 서인 어느 한쪽의 편만 들지 않고 공정하게 대하려고 애썼어. 하지만 나의 본심을 몰라주는 사람들이 많아서 결국 동인과 서인 모두로부터 오해만 받았지. 나의 노력만으로는 당쟁을 멈출 수는 없었어.

고민하던 나는 『성학집요』를 지어 임금에게 바쳤어. 『성학집요』는 임금에게 군주의 길을 제시한 책이야. 이황

이황의 『성학십도』

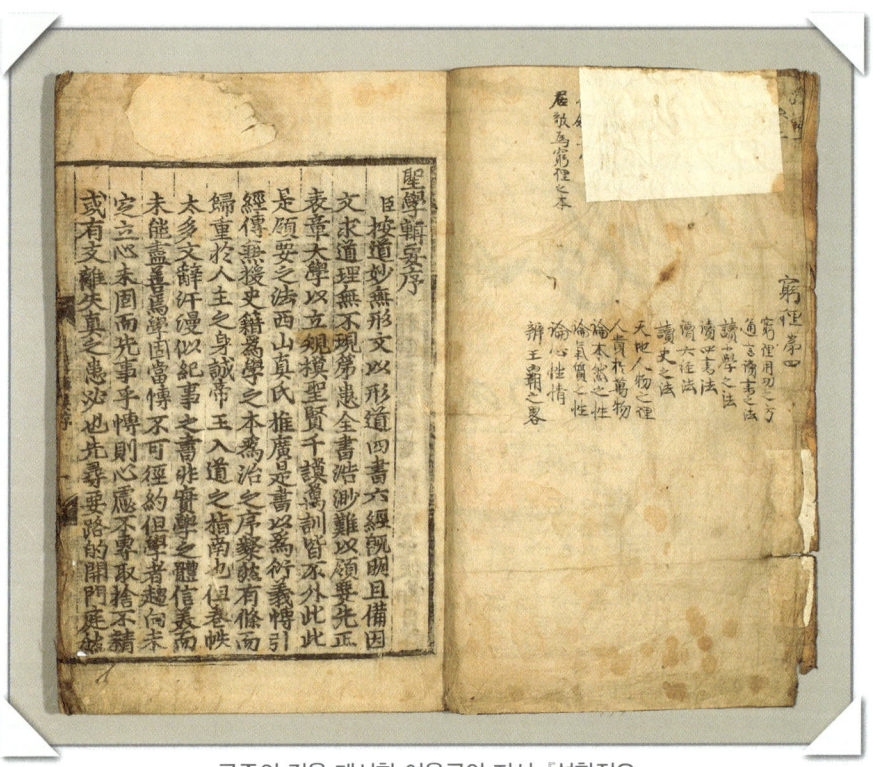

군주의 길을 제시한 이율곡의 저서 『성학집요』

선생님이 명종에게 바친 『성학십도』에 견줄 만한 책이라는 칭찬을 받았지.

『성학집요』는 여덟 권에 이를 만큼 내용이 길어. 왜 이렇게 길게 썼냐고? 말은 입에서 나오면 사라지지만 글은 오래 남는 거 알지?

　나는 이 책이 후대의 임금들에게도 오래도록 꾸준히 읽히기를 바랐어. 직접 책을 받은 선조는 이 책을 높이 평가했어. 뿐만 아니라, 숙종 이후부터는 경연의 교재로 쓰일 만큼 인정받았단다.

　조선 정치의 기틀이 임금인 만큼, 임금이 바르게 깨닫고 행하지 못하면 조선이라는 나라 자체가 흔들릴 수 있다는 생각 때문에 쓴 책이었지. 이후에도 좋은 본보기로 삼을 수 있는 책을 더 많이 써야겠다고 마음먹었단다.

　1577년 겨울, 나라를 바로 세우려면 바른 생각을 가진 제자들을 길러내야겠다는 마음으로 황해도 해주의 석담으로 사는 곳을 옮겼어. 나라가 바로 서려면 뿌리가 튼튼해야 하는데, 튼튼한 뿌리는 제대로 된 교육에서 비롯된다고 믿었거든.

　나는 우선 어린 제자들을 가르치기 위해 『격몽요결』이란 책을 지었어. 배움에 뜻을 품기 시작한 이에게 명확한

길잡이가 되는 지침서이지. 나는 『격몽요결』의 머리말에 책을 지은 동기를 밝혔어. 그중 일부분만 소개할게.

> 내가 해주 석담에 머물자 학생 한둘이 찾아와 스승이 되어 달라 청했다. 나는 배우려고 마음먹은 사람이 뚜렷한 방향을 못 잡은 채 또 확고한 목표도 없이 그저 공부에만 매달린다면 스승과 제자 모두에게 해로울 거라 생각했다. 이에 자신의 마음을 세우는 법, 몸소 실천해야 할 일, 부모 섬기는 법, 이웃을 대하는 법 등을 적어 『격몽요결』이라 이름지었다.

나 또한 『격몽요결』을 쓰면서 스스로를 되돌아보게 되었어. 실천에 게으르고 우물쭈물하기만 했던 지난날을 반성

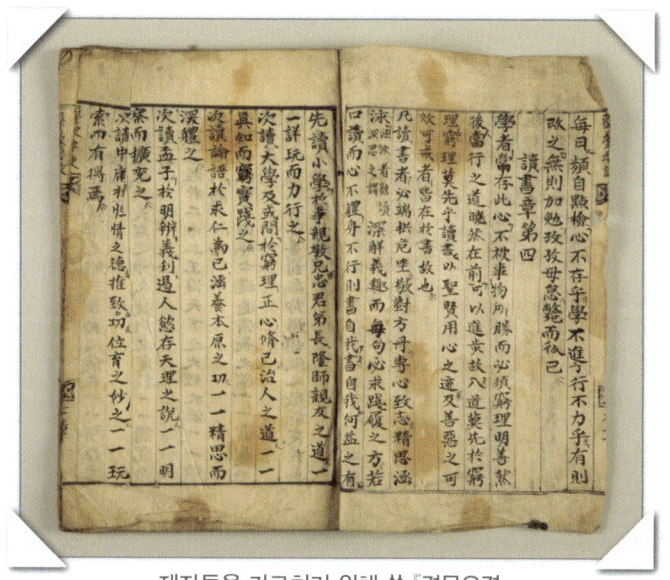

제자들을 가르치기 위해 쓴 『격몽요결』

하려고 해.

『격몽요결』은 훗날 인조 임금 때에는 전국 모든 향교[12]에 배포되어 어린아이들을 가르치는 기본 교재가 되기도 했단다.

---

12) 향교 : 조선 시대 지방에 설치한 교육기관

창의적 체험 활동

너도 글쓰기를 좋아하니? 만약 책을 만든다면 어떤 종류의 책을 만들고 싶니? 한번 생각해 봐.

※책 제목은 무엇인가요?

※어떤 내용인가요?

※어떤 종류의 책인가요?

만들고 싶은 책의 표지를 멋지게 그려 보세요

나는 뜻을 이룬 것인가

1582년 북쪽 오랑캐들이 국경을 넘어 조선 땅을 침범하는 일이 잦아졌어. 국방에 더욱 힘을 기울일 때가 온 거지. 그런데도 관리들은 두 편으로 나뉘어 싸움만 일삼았어.

"천한 오랑캐들이 감히 조선을 건드리다니, 당신들이 엉터리 국방 정책을 세운 탓이오!"

"겨우 오랑캐 따위에 겁먹은 거요? 그리 심장이 약해서 어찌 나랏일을 돌보겠소!"

한숨만 푹푹 터져 나왔어. 나라 살림은 쪼들려서 군량[13]도 부족하고, 무기를 마련하기도 힘든데 대책을 세우기는커녕 싸우기만 하다니…….

그해 겨울, 임금이 조용히 나를 불렀어.

"아무래도 그대가 병조판서[14] 직을 맡아 줘야겠소."

"상감마마! 저는 글만 읽는 선비입니다. 국방을 책임지는 병조판서 직은 버겁습니다."

"능력보다 중요한 것은 백성을 위한 마음이오. 그 점에서 경을 따를 사람이 없소."

임금의 간곡한 부탁에 어쩔 수 없이 병조판서 직을 맡았어. 그 어느 때보다 어깨가 무겁더구나. 나는 더욱 의젓하게 행동하며 몸가짐을 바로 했어.

병조판서에 오른 나는 우선 북쪽 오랑캐를 비롯해 왜국(일본)의 움직임도 꼼꼼히 조사했어. 예로부터 왜국도 심심

---

13) 군량 : 군대의 양식
14) 병조판서 : 조선 시대 군사 관계 업무를 총괄하던 병조의 우두머리 관직

도요토미 히데요시의 초상화

찮게 남쪽 바다를 건너와 조선을 괴롭혔거든. 이리저리 알아본 결과 왜국에서 수상한 낌새가 풍겼지.

그 시절 왜국에서는 여러 영주들이 영토를 한 토막씩 나누어 다스리고 있었어. 그런데 도요토미 히데요시라는 자가 여러 군주들의 영토를 차례로 점령하면서 강력한 권력자로 떠오르고 있었단다.

'만약 도요토미 히데요시가 왜국을 통일하고 최고 권력자가 된다면 왜국의 힘이 커지겠구나. 그렇다면 조선에도 큰 위협이 될 거야!'

조선의 힘은 나날이 약해지고 있으니 서둘러 대책을 세워야 했어. 그래서 나는 1583년 2월에 〈시무육조〉를 올렸단다. 나라의 힘을 키울 수 있는 여섯 가지 대책을 정리하여 올린 셈이지.

얼마 뒤 경연이 열렸어. 경연은 본디 임금과 신하가 학문을 연마하는 모임인데, 더불어 나랏일을 의논하는 자리이기도 했어. 나는 〈시무육조〉를 쓴 목적을 조목조목 설명하며 조선에 십만의 군사를 길러 앞으로 일어날지도 모르는 전쟁에 대비해야 한다는 주장을 펼쳤단다.

"오랑캐와 왜적의 힘은 갈수록 커지는데, 조선의 힘은

첫째, 현명한 신하가 오래 일할 수 있는 환경을 만들 것.

둘째, 군사력은 곧 백성의 힘에서 나오므로 백성의 삶을 안정시켜 군사력을 기를 것.

셋째, 조정이 몸소 낭비를 줄여 국가 재정을 넉넉하게 할 것.

넷째, 외적의 침입에 발 빠르게 대응할 수 있도록 지방의 군대를 튼튼히 할 것.

다섯째, 전쟁에 쓸 말을 기르고 기마병을 키울 것.

여섯째, 군대의 충성심을 높일 수 있는 교육에 힘쓸 것.

기울어가고 있습니다. 이대로 있다가는 십 년도 안 돼 기왓장이 무너져 내리는 폐가의 꼴이 될 겁니다. 군사 십만을 길러 전쟁에 대비해야 합니다."

그러자 여러 관리들이 반대하고 나섰어.

"이 평화로운 때에 군사를 늘리는 건 호랑이 새끼를 키우는 거나 다름없소. 군사들이 반란이라도 일으키면 어쩔 셈이오?"

"군대의 몸집을 불리면, 백성들은 큰 난리가 나는 줄 알고 지레 겁을 먹을 거요. 병조판서는 말을 삼가시오!"

임금은 내 주장을 받아들이지 않았어. 그저 다음에 다시 의논하자고만 하며 경연을 마무리 지었지.

결국 십만 군사를 기르자는 주장은 물거품이 되었단다. 의지가 약한 임금도, 백성을 먼저 생각하지 않는 관리들도 모두 원망스러웠어. 풀이 꺾인 나는 벼슬을 버리고 해주의 석담으로 떠나 버렸지.

'머지않아 이 조선에 큰 화가 닥칠 텐데, 죄 없는 백성들은 어찌할꼬?'

몸은 조정을 떠났지만, 자나깨나 나라 걱정에서 벗어날 수 없었어. 그러다가 드디어 병을 얻고 말았지.

병은 오랫동안 날 괴롭혔어. 잠깐 기세가 약해졌다가도 어느새 강해져 나를 넘어뜨렸지.

경기 파주시 법원읍 동문리에 자리한 이이의 묘

'내 삶이 곧 저물 모양이구나. 이대로 시름시름 앓다가 세상을 뜰 바에야 조금이라도 더 나라를 위해 일하자.'

나는 다시 조정으로 돌아갔어. 임금은 내게 관리의 채용, 평가 등을 감독하는 이조판서 직을 맡겼어. 나는 관직 생활을 처음 시작할 때의 마음으로 성실하게 일했지.

하지만 건강이 발목을 잡았어. 불과 넉 달 만에 나는 다시 병으로 쓰러지고 말았지. 그리고 끝내 그 병을 이겨내지 못했단다.

숨을 거두기 직전 어머니가 생각났어. 늘 '뜻을 세우라'

고 가르쳤던 어머니⋯⋯. 불쑥 어머니에게 묻고 싶었어.

'어머니, 저는 뜻을 이룬 것입니까?'

하지만 그 질문은 입속에서만 맴돌더구나. 어머니가 어떤 대답을 할지 자신이 없었어. 나는 뜻을 이룬 걸까?

궁금해. 여러분은 어떤 대답을 들려 줄지.

이이의 동상

창의적 체험 활동

군사를 기르자는 나의 주장은 받아들여지지 않았어. 만약 너라면 어떻게 임금님과 신하들을 설득했겠니? 근거와 함께 주장하는 글을 써 봐.

주장 군사를 늘려 나라의 힘을 키워야 합니다.

※근거 1

※근거 2

앞의 내용을 바탕으로 주장하는 글을 완성해 보세요.

화석정에 남은 이야기

내가 십만 군사를 기르자는 주장이 물거품이 되었던 것 기억하지? 조정을 떠난 이후로도 나는 나라와 백성에 대한 걱정을 멈출 수 없었어. 백성의 어버이인 임금에 대한 걱정도 마찬가지였지.

화석정에 올라 잔잔히 흐르는 임진강을 바라보던 어느 날 불쑥 이런 생각이 들더구나.

'어쩌면 이 강줄기가 상감마마의 피난길이 될지도 모르겠

구나.'

 그 뒤로 나는 화석정에 틈틈이 들기름을 바르기 시작했어. 혼자서, 때로는 제자들과 함께 화석정의 기둥과 서까래에 구석구석 들기름을 먹였지. 그리고 세상을 뜨면서도 제자들에게 기름 바르기를 멈추지 말라고 당부까지 했단다. 제자들은 이유를 잘 몰랐지만, 나의 유언에 따라 화석정에 계속 기름을 먹였어.

 내가 죽고 나서 8년 뒤, 마침내 임진왜란이 일어났어. 도요토미 히데요시가 통일한 왜국이 드디어 쳐들어온 거야. 전쟁에 대한 대비를 전혀 안 하고 있던 조선은 속수무책으로 당했단다. 왜군이 단숨에 한양까지 밀고 올라오자 선조 임금은 피신할 수밖에 없었어. 북쪽 땅인 함경도 의주로 피신한 뒤 훗날을 도모할 수밖에 없었지.

 그런데 임진강 나루에 다다른 임금 일행은 난처한 상황에 맞닥뜨렸어. 의주로 가려면 임진강을 건너야 하는데, 주위가 칠흑같이 어두워서 도저히 배를 띄울 수가 없었지.

 "남아 있는 횃불을 모두 밝혀라!"

일본 화가가 그린 선조 임금의 피난 모습이에요.

"상감마마, 그리하면 피난길이 들통날 것입니다."

모두들 어쩔 바를 몰라 애만 태우는데, 갑자기 둘레가 대낮처럼 밝아졌어. 신하 이항복이 화석정에 불을 지른 거란다. 평소 기름을 충분히 먹여 두었던 화석정은 잠깐 사이에 환하게 타올랐어.

"상감마마, 어서 배에 오르십시오. 화석정이 재가 되기 전에 강을 건너야 합니다."

"화석정이라면……. 이이가 살아생전에 종종 노닐던 곳이 아니냐?"

"맞습니다. 소문으로는 이이가 화석정에 들기름을 발라 두었다고 합니다."

"아아……. 이 못난 임금을 위해 이이가 대비해둔 것이구나! 이이 같은 충신이 또 어디 있으랴!"

임금은 화석정 불빛의 도움으로 무사히 강을 건넜어.

그 뒤 화석정은 80여 년 동안 재로 남아 있었어. 조선 제18대 현종 임금 대인 1673년에 나의 후손에 의해 다시 지어졌지. 하지만 한국전쟁 때 다시 불타 사라지고 말았어. 오늘날의 화석정은 1966년에 새로 지은 거야.

이 이야기는 정식으로 기록된 것은 아니야. 입에서 입으로 전해지는 이야기란다.

창의적 체험 활동

다른 사람을 도우면 기분이 무척 좋아. 너도 다른 사람을 도와준 적이 있니?

※누구를 도왔나요?

※어떻게 도왔나요?

※기분이 어땠나요?

그런 경험이 있다면 그때를 떠올리며 일기를 써 보세요.

년   월   일

이율곡 도서관

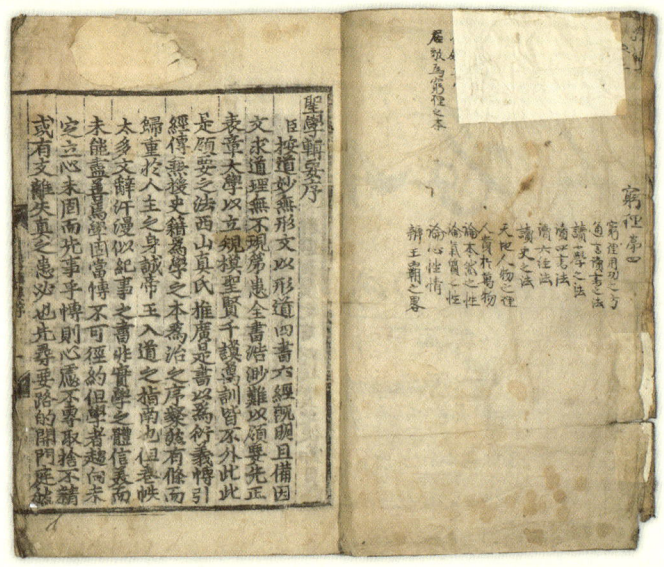

『성학집요』

『격몽요결』

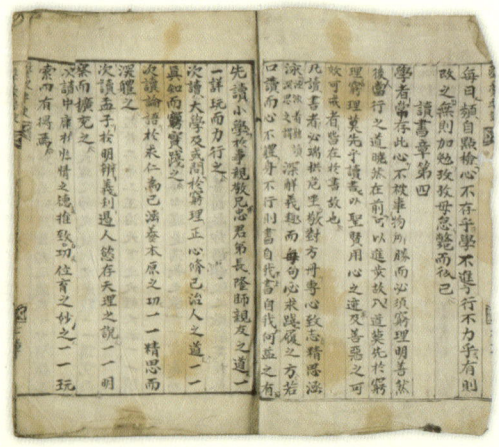

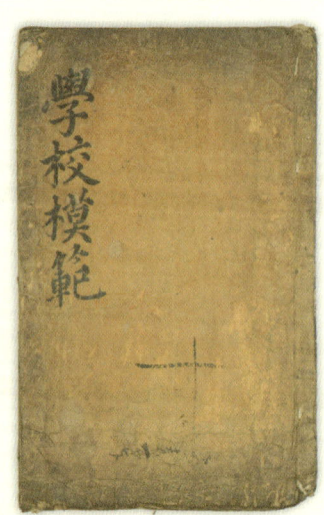

『학교모범』

『율곡 문집』

저의 글을 보시고 글쓰기에 좋은 본보기가 되었으면 합니다.

이이의 유품인 벼루

『율곡 전서』

역사 인물과 함께하는 창의적 체험활동 ②
이율곡과 함께 글쓰기

글 | 김학민
그림 | 임성훈

1판 1쇄 인쇄 | 2017년 3월 15일
1판 1쇄 발행 | 2017년 3월 28일

펴낸이 | 김영곤
이사 | 이유남
에듀콘텐츠사업본부장 | 신정숙
기획개발 | 김경애
아동마케팅 | 김창훈 오하나 임우섭 김은지 백윤진 **디자인** | 주인공
이미지 제공 게티이미지 : 표지, 2쪽, 7쪽, 12쪽, 17쪽, 22쪽, 23쪽, 30쪽, 67쪽, 72쪽
 셔터스톡 : 표지, 53쪽, 75쪽
 국립민속박물관 : 83쪽, 102쪽
 국립중앙박물관 : 9쪽, 79쪽, 80쪽, 102쪽
 문화재청 : 21쪽, 25쪽, 39쪽, 49쪽, 72쪽, 92쪽
 오죽헌시립박물관 : 42쪽, 59쪽, 103쪽
 위키미디어 : 37쪽, 93쪽ⓒ최광모, 49쪽ⓒIntegral, 51쪽ⓒ최옥석, 88쪽ⓒがファイル,
 98쪽ⓒ岡田玉山
 e뮤지엄 : 103쪽

펴낸곳 | (주)북이십일 아울북 **출판등록** |2000년 5월 6일 제406-2003-061호
주소 | (우 10881) 경기도 파주시 회동길 201(문발동)
전화 | 031-955-2100(대표) 031-955-2178(기획편집) 031-955-2177(팩스)
홈페이지 | www.book21.com

ⓒ 아울북, 2017

ISBN 978-89-509-6893-9   74800

책값은 뒤표지에 있습니다.
이 책 내용의 일부 또는 전부를 재사용하려면 반드시 (주)북이십일의 동의를 얻어야 합니다.
잘못 만들어진 책은 구입하신 서점에서 교환해 드립니다.

• 제조자명 : (주)북이십일
• 주소 및 전화번호 : 경기도 파주시 문발동 회동길 201(문발동) / 031-955-2100
• 제조연월 : 2017년 3월 28일
• 제조국명 : 대한민국
• 사용연령 : 만 4세 이상 어린이 제품